AF638707

Widmung

Glücks Momente FÜRS HERZ

Dieses Werk einschließlich aller seiner Teile ist urheberrechtlich geschützt. Jede Verwendung außerhalb der engen Grenzen des Urheberrechtsgesetzes ist ohne vorherige schriftliche Einwilligung unzulässig und strafbar. Das gilt insbesondere für Vervielfältigungen, Übersetzungen und die Einspeicherung und Verarbeitung in elektronischen Systemen.

Veröffentlichung und Verbreitung der Texte ist nach Anfrage und unter Angabe der Quelle jederzeit möglich.

© 2020 Gisela Rieger
Rosenweg 7 / 83104 Tuntenhausen-Beyharting
www.gisela-rieger.de / info@gisela-rieger.de

Gesamtgestaltung: Daniela Höfler, www.applevillage.de

Fotos: iStockphoto.com, Christina Maria Sellner (Seite 121)

Druck: Kösel Druck

Printed in Germany

ISBN 978-3-9819881-8-5

ZEITBLÜTEN MOMENTE

Bestimmt erinnern Sie sich noch an viele Geschichten, denen Sie gespannt gelauscht oder die Sie selbst mit Begeisterung gelesen haben, selbst dann, wenn in der Zwischenzeit schon viele Jahre vergangen sind.

Denn gute Geschichten sind wie Gedächtnis-Herz-Stempel – sie berühren und prägen sich ein, sie hinterlassen quasi einen Stempelabdruck im Gedächtnis und im Herzen. Auch bringen sie häufig Weisheiten, Werte und Orientierungshilfen in wenigen Worten verständlich auf den Punkt. Kurzum: Sie wirken!

Und wenn es jemand versteht, gute, wirkungsvolle und lebensbejahende Geschichten zu erzählen – ob in geschriebenen oder gesprochenen Worten –, dann ist es Gisela. Sie ist eine großartige Geschichtenerzählerin. Die vielen positiven Rückmeldungen, die ihre Geschichten hervorrufen, sobald sie auf meinem Portal erschienen sind, zeigen mir immer wieder, dass viele Menschen diese Meinung teilen.

Gisela vermag es, mit ihren Geschichten und Impulsen Menschen zu begeistern, nachhaltig zu berühren und in ihnen positive Emotionen zu wecken. Eine Fähigkeit, die insbesondere in unserer heutigen schnelllebigen, hektischen und oft auch lauten Zeit leider zu häufig auf der Strecke bleibt.

Auch mit den in diesem Buch gesammelten Geschichten und Sprüchen gelingt es ihr wunderbar, ansprechend verpackte Weisheiten und Anregungen so zu präsentieren, dass jeder Lesende für sich sinnstiftende Erkenntnisse daraus gewinnen kann.

Meine Tipps: Wenn Sie Kummer haben, dann schmökern Sie in den Geschichten. Dadurch werden Ihre Sorgen zwar nicht weggezaubert, aber zumindest gemildert, indem Sie aus den Erzählungen neue Perspektiven, mehr Klarheit und Zuversicht gewinnen können.

Lassen Sie sich am besten von diesem Buch durch den Tag begleiten. Etablieren Sie ein Wohlfühl-Ritual, indem Sie beispielsweise vor dem Zubettgehen das Buch zur Hand nehmen, darin schmökern, mit der einen oder anderen Geschichte den Tag reflektieren und in Ruhe ausklingen lassen.

Oder Sie werfen morgens einen Blick in das Buch, wählen ein Zitat oder einen Spruch als Tagesmotto und gelangen auf diese Weise zu einem Kompass für Ihren Tag.

Lassen Sie sich berühren, anregen und motivieren. Erzählen Sie die Geschichten weiter. Dadurch werden Sie auch andere Menschen inspirieren, was Ihre Beziehungen stärken wird.

Gönnen Sie sich mit diesem Buch bewusst regelmäßig Momente der Entspannung, des Wohlfühlens und des Krafttankens – Zeitblüten-Momente!

Ihr

Burkhard Heidenberger

Betreiber des Zeitblüten-Portals und Autor des Buches
„Zeitblüten – Wege zu persönlichen Wohlfühlmomenten".

KLEINE GESTE GROSSE WIRKUNG

Ein Lehrer fragte seine Schüler, was wohl die einfachste Methode sei, um mit Menschen in Kontakt zu kommen.

Die Schüler hatten viele Ideen: zum Essen einladen, gemeinsame Hobbys finden, Interesse zeigen, Komplimente oder Geschenke machen …

Da zeichnete der Lehrer einen Smiley an die Tafel und sagte: „Versucht es doch mit einem Lächeln, das verfehlt niemals seine Wirkung."

Für manche Worte bedarf es auf der ganzen Welt keiner Übersetzung, sie können durch ein Lächeln ausgedrückt werden.

Lächeln

Ein Lächeln
ist wie ein Sonnenstrahl,
der dem Leben
mehr Leuchtkraft gibt.

MENSCHEN DEINES LEBENS

Es kommen immer wieder Menschen in dein Leben, die du niemals mehr missen möchtest.

Es gibt Menschen, die immer ein offenes Ohr haben, und denen du wirklich alles erzählen kannst.

Es gibt Menschen, die auch in den schwierigsten Zeiten immer für dich da sind und zu dir halten.

Es gibt Menschen, die dürfen immer zu dir kommen, wenn sie Probleme oder Sorgen haben.

Es gibt Menschen, mit denen kannst du von Herzen lachen, und die Zeit vergeht wie im Flug.

Es gibt Menschen, die machen den Tag ein wenig heller und das Leben ein wenig erfüllter und bunter.

Es gibt Menschen, denen bist du nah, auch wenn du weit entfernt bist.

Es gibt diese besonderen Menschen, die das Leben bereichern, und all diese einzigartigen Menschen nennt man: FREUNDE

Gute Freunde sind wertvoll und daher unbezahlbar.

Freunde

Unter guten Freunden werden
die Sorgen geteilt,
die Zuversicht wird verdoppelt,
und das Lachen und die Freude
werden multipliziert.

Glück

Glück findet sich überall dort,
wo das Herz zuhause ist.

Glück bedeutet,
lachen zu können,
das Leben zu genießen
und dankbar zu sein.

GLÜCK ist die Fähigkeit,
sich von Herzen freuen zu können

finden

Es gibt kein Navi
für den Weg zum Glück,
denn nur dein eigenes Empfinden
bestimmt den Weg dorthin.

DIE SCHÖNSTE REISE

Auf die Frage, was wohl die schönste Art zu reisen sei, fanden sich viele Antworten:

- Im Fluss dahingleiten – blubberte der Fisch.
- Über die Wiesen hoppeln – sprach der Hase.
- In den Lüften flattern – jubelte der Schmetterling.
- Über die Bäume springen – jauchzte das Eichhörnchen.
- In den Erdgängen rennen – piepste die Maus.
- Über die Blumen fliegen – summte die Biene.
- Neue Wälder erkunden – brummte der Bär.
- Auf eine Waldlichtung zugehen – sagte das Reh.
- Über den Wolken schweben – erklärte der Adler.

Folge auf deiner Lebensreise, der Stimme deines Herzens und finde deinen eigenen Weg in ein glückliches, erfülltes Leben.

Der Weg

Du gehst deinen Weg
nur ein einziges Mal.
Erkenne mit offenen Augen
die Geschenke des Lebens;
das Gute und Freundliche,
die Liebe und alles,
was dich bereichert.

Du kannst auf deinem Weg
Hindernisse aus dem Weg räumen
oder deine Richtung ändern.
Wähle den Weg,
der dir entspricht,
denn du wirst diesen Weg
kein zweites Mal gehen.

Lebens

Der Wert unseres Lebens
wird nicht an der Anzahl
der Glücksmomente gemessen.

Der Wert unseres Lebens
wird allein dadurch bestimmt,
welchen Wert wir
unseren Glücksmomenten geben.

Wege

Es gibt viele Wege im Leben,
die du einschlagen kannst.

Richtig ist immer der Lebensweg,
der dich erfüllt und glücklich macht.

UNSER GLAUBE KANN BERGE VERSETZEN

Franziska war gerade sieben Jahre alt, als sie die Eltern sorgenvoll sprechen hörte. Sie wusste zwar, dass ihr kleiner Bruder Alexander seit längerer Zeit krank war, aber sie wusste nicht wie schlimm. Und sie wusste auch nicht, dass sie überhaupt kein Geld mehr hatten. Daher planten die Eltern, in eine günstigere Wohnung zu ziehen. Sie hatten bereits alle Kredite ausgeschöpft, um die hohen Arztrechnungen zu begleichen. Nur eine teure Operation könnte Alexander noch retten, doch es schien niemanden mehr zu geben, der ihnen das nötige Geld leihen würde. Sie hörte noch, wie die Mutter mit tränenerstickter Stimme sagte: „Nur ein Wunder kann ihn noch retten."

Umgehend eilte Franziska in ihr Zimmer und zerschlug ihr Sparschwein. Mit diesem Geld wollte sie ihrem Bruder helfen. Sorgfältig steckte sie die Münzen in einen Beutel und schlüpfte heimlich zur Haustür hinaus. Sie lief zuversichtlich zur nächsten Apotheke. Der Inhaber befand sich gerade in einem Gespräch. Ungeduldig wartete sie eine Weile. Da Franziska aber von keinem bemerkt wurde, machte sie mit ihren Füßen quietschende Geräusche. Doch selbst ihr Räuspern und Husten blieben erfolglos. Entschlossen leerte sie ihren Beutel Münzen auf die Theke. Das war erfolgreich!

„Was willst du?", fragte der Apotheker unwirsch, „ich unterhalte mich gerade mit meinem Bruder, den ich schon ewig nicht mehr gesehen habe." „Mein kleiner Bruder ist sehr, sehr krank", sagte Franziska, „und in seinem Kopf wächst etwas ganz Böses! Und ich möchte ein Wunder kaufen."

„Wie bitte?", fragte der Apotheker. „Mama sagt, dass nur ein Wunder ihn noch retten kann! Was also kostet ein Wunder?"

„Wir verkaufen hier keine Wunder, es tut mir sehr leid, aber ich kann dir nicht helfen", sagte der Apotheker etwas freundlicher.

„Aber ich habe doch Geld, um es zu bezahlen. Ich habe extra mein ganzes Sparschwein geschlachtet. Sagen Sie mir doch, wie viel es kostet."

Der elegant gekleidete Bruder des Apothekers beugte sich zu dem kleinen Mädchen und fragte: „Was für ein Wunder braucht dein Bruder denn?"

„Ich weiß nicht genau", antwortete Franziska und ihre Augen füllten sich mit Tränen. „Ich weiß nur, dass er wirklich sehr krank ist, und wenn er keine Operation bekommt, muss er sterben! Aber mein Papi kann sie nicht bezahlen, also möchte ich mein Geld dafür nehmen."

„Wie viel hast du denn?", fragte der Mann. „Sieben Euro und elf Cent", antwortete Franziska hoffnungsvoll. „Das ist ja wirklich ein Zufall", lächelte der Mann. „Ich kenne ein Wunder, das genau sieben Euro und elf Cent kostet."

Er nahm sie an die Hand und fragte: „Darf ich dich nach Hause begleiten? Ich möchte gerne deinen Bruder sehen und mit deinen Eltern sprechen. Dann kann ich dir sagen, ob ich das passende Wunder habe, das du kaufen möchtest."

Dieser freundliche Mann hat daraufhin den verzweifelten Eltern angeboten, die erforderliche Operation ohne jegliche Kosten durchzuführen. Er war auf dem Gebiet der Neurochirurgie ein weltweit berühmter Arzt. Nach erstaunlich kurzer Zeit kam Alexander wieder gesund nach Hause. „Diese Operation", sagte die Mutter glücklich, als sie ihn ansah, „war wirklich ein Wunder. Ich würde zu gerne wissen, was es wohl gekostet hat."

Franziska wusste ganz genau, wieviel ein Wunder kostet. Lächelnd sagte sie: „Sieben Euro und elf Cent!"

Der Vater aber dachte bei sich: „Und den Glauben eines kleinen Kindes!"

Dankbar

Beginne jeden Tag
in deinem Leben mit
positiven Gedanken,
mache dir auch immer wieder bewusst,
wofür du dankbar sein darfst.
Denn ganz egal, welche Sorgen,
Ängste oder Probleme auch auftauchen,
negative Gedanken werden kaum
weiterhelfen oder zu einer
Lösung führen.
Wer hingegen lebensbejahend denkt,
wird viel mehr Positives in
seinem Leben erfahren,
für das er wiederum
dankbar sein darf.

sein!

Bei wertvollen Begegnungen
erlebst du:

Augen, die dich offen anschauen,
Ohren, die dir unvoreingenommen
zuhören,
Lippen, von denen ehrliche Worte
gesprochen werden,
Nasen, die dich gut riechen können,
Hände, die dir gereicht werden,
Umarmungen, die von Herzen kommen,
Freunde, auf die du dich
verlassen kannst,
Menschen, bei denen du genauso sein
darfst, wie du bist.

WAHRER REICHTUM

Es war einmal ein reicher Kaufmann, der in großer Sorge lebte, da er oftmals von Dieben heimgesucht wurde, die seine Goldmünzen stehlen wollten. Tagsüber verwahrte er die Goldmünzen in sicheren Verstecken, und am Abend nahm er die Münzen mit ins Bett, was aber zur Folge hatte, dass er niemals mehr zur Ruhe kam.

Dies alles verdross ihm das Leben, und so beschloss der Kaufmann, seinen Reichtum unter den Armen aufzuteilen. Er behielt für sich selbst nur einen kleinen Teil, mit dem es sich recht gut leben und vor allem wieder beruhigt schlafen ließ.

Eines Tages brannte das Haus des Kaufmannes nieder, sodass ihm nur noch die Kleider auf seinem Leibe blieben.

Da kamen all die Armen, welche er einst so reichlich beschenkt hatte, und halfen, sein Haus wieder aufzubauen. Sie luden ihn zum Essen und zum Feiern ein.

Da merkte der Kaufmann, was wahren Reichtum ausmacht.

Die Länge eines Tages wird von der Zeit bestimmt. Die Breite, die Tiefe und die Höhe eines Tages können wir jedoch selbst bestimmen.

Zeit

Reichtum ist ein relativer Begriff:

Es gibt Menschen,
die verbringen ihr ganzes Leben damit,
materiellen Reichtum anzuhäufen.
Währenddessen aber finden sie
die ganzen Jahre über keine Zeit,
ihr Leben wirklich zu genießen!

Mensch

Menschen, die sich von Herzen lieben,
sind selbst in der kleinsten
Hütte glücklich.

Wahre Liebe
kann man mit keinem Geld
der Welt erkaufen,
und sie ist dennoch einer
der größten Reichtümer,
die man besitzen kann.

sein!

Was mich an Menschen wirklich beeindruckt, ist ihre Fähigkeit zu Dankbarkeit, Herzlichkeit, Hilfsbereitschaft, Großzügigkeit, Ehrlichkeit, Respekt, Gerechtigkeit, Verständnis, Zuverlässigkeit, Toleranz, Integrität, Wertschätzung … und ganz besonders zur Liebe.

Lächeln

Es gibt im Leben immer Tage,
an denen uns nicht zum Lachen
zumute ist.
Dennoch können wir immer
Gelegenheiten finden
zu lächeln – oder anderen Menschen
ein Lächeln zu schenken.
Und wir dürfen nie vergessen,
dass all das Gute, das wir aussenden,
wieder zu uns zurückkommen könnte!

schenken

Wir können nie genug
freundliche Worte verbreiten,
denn es findet sich immer jemand,
der ein sehr dankbarer
Empfänger dafür ist.

SCHUTZENGEL IM EINSATZ

Ein Junge war im Wald beim Pilze sammeln, als ein Hund bellend auf ihn zulief. Das Tier jaulte, zog ihn am Hosenbein und benahm sich derart auffällig, dass der Junge seinen Korb abstellte und dem Hund folgte.

Nach wenigen Minuten erreichte er unter Führung des Vierbeiners einen abgelegenen Bahnübergang, auf dessen Gleisen eine Frau lag. Der schmächtige Junge versuchte vergeblich, die Bewusstlose von den Gleisen zu zerren.

Aus der Ferne waren bereits die Geräusche eines herankommenden Zuges zu hören. Geistesgegenwärtig lief der Junge dem Zug neben den Gleisen entgegen und versuchte, sich mit wildem Winken bemerkbar zu machen.

Der aufmerksame Lokführer reagierte schnell, sodass er den Zug kurz vor dem Bahnübergang zum Stillstand bringen konnte. Ein Reporter berichtete in einer anrührenden Story über den Unfallhergang und den beherzten Einsatz des jungen Lebensretters: Eine Frau hatte sich beim Spaziergang mit ihrem Hund mit ihrem Stiefelabsatz in den Gleisen so unglücklich verhakt, dass sie stürzte und das Bewusstsein verlor.

Die Verletzte kam mit einer Gehirnerschütterung und Prellungen davon. Den vierbeinigen treuen Gefährten hatte sie erst vor wenigen Tagen aus einem Tierheim zu sich genommen.

Die besten Entscheidungen trifft meist derjenige, der seiner Intuition vertraut.

Leben

Wenn wir uns nur
den einfachen Dingen
des Lebens widmen,
werden wir nie die Reife erlangen,
die wir bekommen,
wenn wir uns den Herausforderungen
des Lebens stellen.

JEDER IST SEINES GLÜCKES SCHMIED

Es gibt Menschen, die werden betrogen, und dennoch würden sie nie andere betrügen.

Es gibt Menschen, die werden zu Boden geworfen, und stehen trotz allem wieder auf und machen weiter.

Es gibt Menschen, die schon so oft belogen worden sind, und trotzdem immer ihre Wahrheit aussprechen.

Es gibt Menschen, die eine Illusion aufgegeben, und dennoch ihre Hoffnung beibehalten haben.

Es gibt Menschen, die haben einen Traum, aber niemals ihre Wünsche und Träume aus den Augen verloren!

Es gibt zum Glück viele Menschen, die eigenverantwortlich leben und nicht andere für ihre Lebensumstände verantwortlich machen!

Wie schon ein altes Sprichwort besagt: „Jeder ist seines Glückes Schmied"

Wer im Leben nie seine Lebensfreude verliert, der hat das Glück gepachtet!

Glück

Der Eine sieht nur
die Wolken am Himmel,
der Andere sieht
die Sonne dahinter.
Der Eine ärgert sich
über ein Gewitter,
der Andere freut sich
auf den Regenbogen.
Der Eine nimmt nur
die Dunkelheit wahr,
dem Anderen leuchten die Sterne.

Jeder

Jeder Tag schenkt uns
immer wieder aufs Neue:
24 Stunden,
1.440 Minuten und
86.400 Sekunden.
Diese Zeit sollten wir
als Geschenk annehmen.
An jedem Tag,
wie arbeitsreich er auch sein mag,
sollten wir uns immer ein paar kleine
Auszeiten gönnen,
um ganz viele Glücksmomente
fürs Herz zu sammeln.

Tag

Um glücklich zu sein,
muss man nicht
immer das Beste haben.

Aber man sollte aus allem,
was man hat,
das Beste machen.

Glücks

Um wirklich glücklich zu sein,
braucht man keine
großen Geschenke.

Meist sind es im Leben
die vielen Kleinigkeiten,
die das Leben zum wahren
Glück werden lassen.

Momente

Die vielen kleinen
Glücksmomente fürs Herz
füllen die große Schatztruhe
des Lebens.

DER ERSTE EINDRUCK

Unser Messestand war wie ausgestorben. Ein unerwarteter Wintereinbruch hinderte viele Besucher an ihrem Kommen. Weil nichts los war, hatte sich unser Chef schon frühzeitig verabschiedet. Meine Kollegen zogen sich bereits an die Theke auf ein Feierabendbierchen zurück und erklärten mir, dass ich als der Neue die Stellung halten müsse.

Ich sah einen kleinen, hageren Mann vor unserer neuesten Maschine stehen. Er wirkte äußerst ungepflegt, trug eine zerknitterte Hose und ein schmutziges Hemd. Ich überlegte gerade, welche Nationalität er haben könnte, als sich in dem unrasierten Gesicht ein Lächeln breit machte und der Mann auf mich zukam.

„Sie verkaufen hier die Maschinen?", wurde ich angesprochen. Auf mein Nicken hin sagte er: „Das ist gut, denn ich brauche mehrere davon!" Der Interessent stellte viele Fragen und ich merkte, dass er wirklich Ahnung hatte, zumindest was die Technik betraf. Der Mann interessierte sich vorwiegend für unser neuestes Modell, den A007. Da ich mit diesem Typ noch nicht wirklich vertraut war, ging ich, um einen meiner Kollegen zu Hilfe zu holen. Unser Top-Verkäufer flirtete gerade mit einer Dame vom Nachbarstand. Er warf einen abwertenden Blick auf den Kunden, dann klopfte er mir auf die Schulter und sagte: „Hey Junge, das schaffst du schon!" Der nächste Kollege meinte: „Alle haben wir mal klein angefangen. Da musst du selbst durch!" Die letzten drei Kollegen, die auf ihren Barhockern saßen, lachten mich nur aus, als ich sie um Hilfe bat: „Mensch Junge, du musst noch viel lernen! Das sieht doch ein Blinder, dass dieser Typ kein potenzieller Kunde ist!" Ein anderer rief mir noch zu: „Glaubst du allen Ernstes, dass ein Mann, der so aussieht, sich auch nur annähernd eine unserer Maschinen leisten kann?" „Drück ihm ein paar Prospekte und Gummibärchen in die Hand und komm zu uns auf ein Bier."

Etwas enttäuscht von meinen Kollegen ging ich zurück zu dem „potenziellen Nicht-Kunden" und gab trotz allem mein Bestes. Ich beriet den Mann, so gut ich nur konnte und servierte ihm ein Glas Champagner und einige Canapés, was mir wiederum verständnisloses Kopfschütteln meiner Kollegen einbrachte.

Als ich mit meinen Erklärungen geendet hatte, begann der Interessent, mir seine Bestellung zu diktierten und mir wurde währenddessen heiß und kalt! Die Summe des Auftrages bewegte sich im großen mehrstelligen Bereich! Der Kunde lächelte schelmisch und erklärte mir: „Um diese Maschine im Original zu sehen, habe ich einen langen Flug auf mich genommen. Bedauerlicherweise ist zwischendurch der Flugverkehr zusammengebrochen, mein Gepäck verschwunden und so bin schon drei Tage, ohne ein Bett zu sehen, unterwegs. Daher wirke ich wohl etwas verwahrlost und ihre Kollegen haben mich heute nicht erkannt. Ich habe sehr wohl deren abwertende Bemerkungen vernommen, daher vergönne ich nun Ihnen von Herzen ihre Provision, die Sie sich redlich verdient haben."

Behandle stets alle Menschen so wertschätzend, wie du selbst gerne behandelt werden möchtest.

Respekt

Respekt, Höflichkeit
und Wertschätzung
gehören zu den Anlageformen
mit erstaunlich hoher Rendite.

Höflichkeit

Ganz egal,
in welcher Position sich
ein Mensch befindet,
es sollte ihm nie an Höflichkeit
und Respekt mangeln.
Das ist ein Zeichen
von wirklich wahrer Größe.

VERSCHIEDENE SICHTWEISEN

Einst gab es in einem bayerischen Städtchen zwei Wirte, deren Betriebe mächtig florierten. Beide hatten ein sehr gutes Auskommen.

Eines Tages wurde bekannt, dass im Ort ein großes, modernes Hotel gebaut werden sollte. Diese Nachricht bereitete dem einen Wirt schlaflose Nächte, da er die übermächtige Konkurrenz fürchtete. Seine Angst machte ihn mürrisch. Er verlor sowohl die Freude am Kochen, als auch die Freundlichkeit gegenüber seinen Gästen. Somit vergraulte er viele seiner Gäste.

Er tätigte keine Investitionen mehr, sodass seine Wirtschaft nicht mehr einladend wirkte. Er hortete sein Geld für die schlechten Zeiten, die mit der Eröffnung des neuen Hotels unweigerlich auf ihn zukommen würden.

Der andere Gastronom hingegen machte einfach weiter wie bisher. Unmittelbar nach der Hoteleröffnung kamen viele neue Urlauber in den Ort. Die einladende Wirtschaft wurde von den Hotelgästen nicht zuletzt wegen des freundlichen Services und der guten bayerischen Küche sprichwörtlich überrannt.

Nicht die Umstände, sondern unsere Sichtweisen diesbezüglich tragen zu unserer Angst oder Zuversicht bei.

Gedanken

Gedanken haben eine ungeheure Macht.
Täglich begleiten uns abertausende,
etliche davon denken wir sogar aufs
Neue täglich wieder.
Die positiven Gedanken sind leicht wie
eine Feder und wir fühlen uns beflügelt
und glücklich.
Alle negativen Gedanken dagegen sind
schwer wie Blei und oft meint man,
unter dieser Last zusammenbrechen
zu müssen.

Zum Glück dürfen wir selbst entscheiden,
ob wir uns lieber den Schattenseiten
oder den Sonnenseiten
unserer Gedankenwelt zuwenden.

DER BESTE LEHRMEISTER

Von der Natur kannst du Vieles lernen:

Die Sonne lehrt dich, Wärme auszustrahlen.
Der Mond lehrt dich Veränderung.
Die Sterne lehren dich zu leuchten.
Die Wolken lehren dich Leichtigkeit.
Der Wind lehrt dich, Sorgen wegzuwehen.
Der Sturm lehrt dich Leidenschaft.
Das Gewitter lehrt dich Vorsicht.
Der Regen lehrt dich Entwicklung.
Der Regenbogen lehrt dich die Vielfalt des Lebens.
Der Hagel lehrt dich, Schutz zu suchen.
Der Morgentau lehrt dich das Erwachen.
Die Bäume lehren dich Standhaftigkeit.
Die Blumen lehren dich das Erblühen.
Die Berge lehren dich Weitsicht.
Die Nacht lehrt dich die Ruhe.
Der Morgen lehrt dich den Neubeginn.

Folge auf deiner Lebensreise der Stimme deines Herzens,
und finde deinen eigenen Weg in ein glückliches, erfülltes Leben.

Natur

Die Natur ist ein
wunderbarer Lehrmeister und Heiler.
Ganz egal,
welche Sorgen und Probleme
dich bedrücken,
sie werden in ein
anderes Licht gerückt.

SPUREN HINTERLASSEN

Es war einmal ein alter Bauer, der seinen letzten Jahren entgegensah. Der Mann hatte zwei Söhne, die er nach dem frühen Tod seiner Frau, ohne mütterliche Führung, erzogen hatte.

Im Laufe der Jahre überkam ihn immer öfter der Zweifel, ob er seinen Söhnen wohl das Wichtigste für ihr Leben vermittelt habe.

So ließ er sie eines Tages zu sich kommen und sprach: „Ich bin alt und gebrechlich geworden. Meine Spuren und Zeichen werden bald verblassen. Um in Frieden gehen zu können, möchte ich, dass ihr in die Welt hinaus zieht und eure ganz eigenen Spuren und Zeichen hinterlasst. Kehrt jedoch innerhalb eines Jahres wieder zurück, sodass ich eure Zeichen noch erblicken kann."

Die Söhne folgten dem Geheiß ihres Vaters und zogen in die Welt hinaus. Der Ältere begann sogleich eifrig damit, Grasbüschel zusammenzubinden, Zeichen in Bäume zu schnitzen, Steinberge zu errichten und Löcher zu graben, um seinen Weg zu kennzeichnen.

Der jüngere Sohn hingegen ging in die Dörfer. Er sprach mit allen Menschen, denen er begegnete, er feierte, tanzte und spielte mit den Kindern.

Der ältere Sohn wurde zornig darüber und dachte bei sich: „Ich arbeite von früh bis spät und hinterlasse meine Zeichen, mein Bruder hingegen vergnügt sich nur."

Als beide Söhne wieder heimkehrten, nahm der Vater, gemeinsam mit seinen Söhnen, seine letzte Reise auf sich, um ihre Zeichen zu sehen. Sie kamen zu den gebundenen Grasbüscheln. Doch der Wind hatte sie verweht und sie waren kaum noch zu erkennen. Viele der gekennzeichneten Bäume waren gefällt worden und auf den Steinhaufen hatten Kinder gespielt und diese zerstört. Sogar die Löcher, die der ältere Sohn mühsam gegraben hatte, waren fast alle wieder zugeschüttet.

Aber wo immer sie auf ihrer Reise hinkamen, liefen Kinder und Erwachsene auf den jüngeren Sohn zu und freuten sich, dass sie ihn wiedersahen und luden ihn zum Essen und zum Feiern ein.

Am Ende der Reise sagte der Vater zu seinen Söhnen: „Ihr habt beide versucht, meinen Auftrag, Zeichen zu setzen und Spuren zu hinterlassen, zu erfüllen. Du, mein Älterer, hast viel geleistet und gearbeitet, aber deine Zeichen sind verblichen. Du, mein Jüngerer, hast Zeichen und Spuren in den Herzen der Menschen hinterlassen. Diese bleiben und leben weiter."

Nach einem afrikanischen Märchen

Gehe deinen Weg so, wie ihn vor dir noch keiner gegangen ist. Dann hinterlässt du deine ganz eigenen Spuren!

Weg des

Du wirst nie deinen
eigenen Weg finden,
wenn du nur den
bestehenden Pfaden folgst.
Abseits aller bereits gut
eingetretenen Pfade
kann dein Lebensweg
ein wenig steiniger werden.
Aber all deine Erfahrungen,
Erlebnisse und Eindrücke
sind wertvolle Etappen auf deinem
eigenen Lebensweg,
dem Weg zu einem glücklichen,
erfüllten Leben.

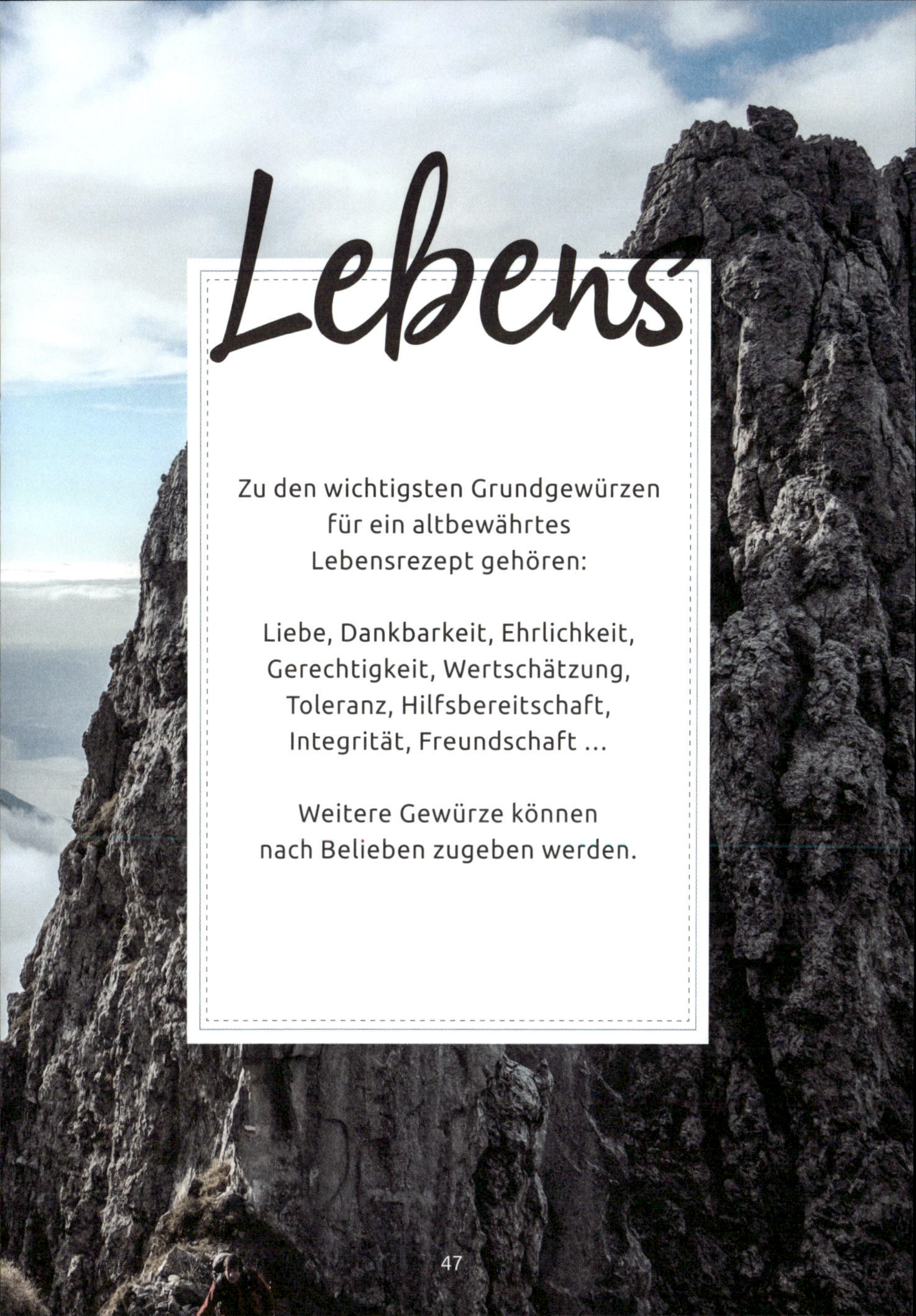

Lebens

Zu den wichtigsten Grundgewürzen
für ein altbewährtes
Lebensrezept gehören:

Liebe, Dankbarkeit, Ehrlichkeit,
Gerechtigkeit, Wertschätzung,
Toleranz, Hilfsbereitschaft,
Integrität, Freundschaft ...

Weitere Gewürze können
nach Belieben zugeben werden.

ETIKETTE & CO

Ein junger Mann wurde auf seine tadellosen Manieren angesprochen und gefragt, wo er sich so zu verhalten gelernt habe.

Er antwortete: „Dort wo ich aufgewachsen bin, gab es in der Nachbarschaft viele grobe und unhöfliche Menschen. Da mir deren Verhalten sowie Ausdrucksweise nicht gefallen haben, habe ich stets einfach das Gegenteil von dem getan, was mir diese Menschen vorgelebt haben. So bin ich zu dem geworden, der heute vor Ihnen steht."

Die Wahl deiner Worte ist wesentlicher, als die Lautstärke deiner Stimme. Denn auch die Natur erblüht durch die Sonne und nicht während des Donners.

Umgang

Wenn es Menschen
in deiner Umgebung gibt,
die dir für ein Lächeln oder
ein freundliches Wort dankbar sind,
bist du nicht nur eine Bereicherung
für das Leben anderer,
sondern es macht dich
und dein Leben
liebenswert und wertvoll.

Spuren

Deine Worte haben MICH bestärkt.
Deine Augen haben MICH gesehen.
Deine Blicke haben MICH verstanden.
Deine Hände haben MICH gehalten.
Dein Herz hat MICH berührt.
Dein Humor hat MICH erheitert.
Deine Zärtlichkeit hat MICH umfangen.
Deine Ehrlichkeit hat MICH wachgerüttelt.
Deine Liebe hat MICH erfüllt.

So hast du in meinem Herzen
deine Spuren hinterlassen,
für die ich sehr dankbar bin.

Aus dem Buch: „Geschichten, die dein Herz berühren"

des Herzens

Wohin du auch gehst,
geh mit ganzem Herzen.

Was immer du auch tust,
tu es mit ganzem Herzen.

Wann immer du liebst,
liebe aus vollem Herzen.

Ein glückliches, erfülltes Leben
zu führen, heißt:
Leb dein Leben mit ganzem Herzen.

Wahrer

Wenn man einen Menschen
ins Herz geschlossen hat,
dann ist man ihm nahe,
auch wenn er weit entfernt ist.
Und auch, wenn man sich lange Zeit
nicht sehen konnte,
verläuft jedes Gespräch,
als hätte man sich erst
gestern getroffen.

Wert

Ein freundliches Wort,
eine nette Geste,
ein liebevolles Lächeln,
ein warmer Händedruck,
eine herzliche Umarmung …
kosten kein Geld,
und sind dennoch
von unbezahlbarem Wert.

WARUM IST DAS LEBEN NUR SO SCHWER?

Eine junge Frau kam weinend zu ihrer Mutter. „Ach Mama, warum ist das Leben nur so schwer?“, klagte sie. „Du irrst mein Kind“, antwortete die Ältere, „das Leben ist leicht wie eine Feder!“

Verständnislos schüttelte die Tochter den Kopf und fing an zu erzählen, dass sie gerade vom Freund verlassen, ihr vom Chef gekündigt und sie von ihrer besten Freundin enttäuscht worden sei!

Die Mutter ging daraufhin auf den Dachboden und kehrte mit einer alten Küchenwaage zurück. „Nimm diese Waage und lege in die eine Waagschale all deine Lebensstunden, die du als „schwer“ empfindest, und in die andere Waagschale lege alle deine heiteren - also „leichten“ Stunden.“

Die Tochter überlegte kurz, umarmte ihre Mutter, nahm die Waage und hatte verstanden.

In schwierigen Lebenslagen kommen oftmals ungeahnten Kräfte zum Vorschein, deren man sich sonst gar nicht bewusst geworden wäre.

Schicksal

Jedes Mal,
wenn sich Schicksalswolken
der Schwere
über mir zusammenbrauen,
halte ich auf der Waagschale
des Lebens mit den
leichten Stunden
dagegen.

Wahre

Manchmal darf man
von seinem Weg abkommen,
um seinen Lebensweg zu finden.
Manchmal darf man Fehler machen,
um zu erkennen, was richtig ist.
Manchmal darf man etwas loslassen,
um wieder Halt zu finden.
Manchmal darf man etwas verlieren,
um etwas zu finden.
Manchmal darf man auch weinen,
um wieder von Herzen lachen zu können.
Manchmal darf man eine Türe schließen,
damit sich eine neue öffnen kann.
Aber immer darfst du tun,
was dir Glücksmomente
fürs Herz bereitet.

Grösse

Um Missverständnisse
aus der Welt zu schaffen,
sollte man sich treffen,
um miteinander zu reden.

Denn dieser Weg ist immer besser,
als schweigend getrennte
Wege zu gehen.

Zeit für

Ganz egal,
wie viel Arbeit auch vor uns liegt,
wir sollten uns zwischendurch
ein wenig Zeit für uns nehmen,
um das zu tun,
was unser Herz
zum Hüpfen bringt.

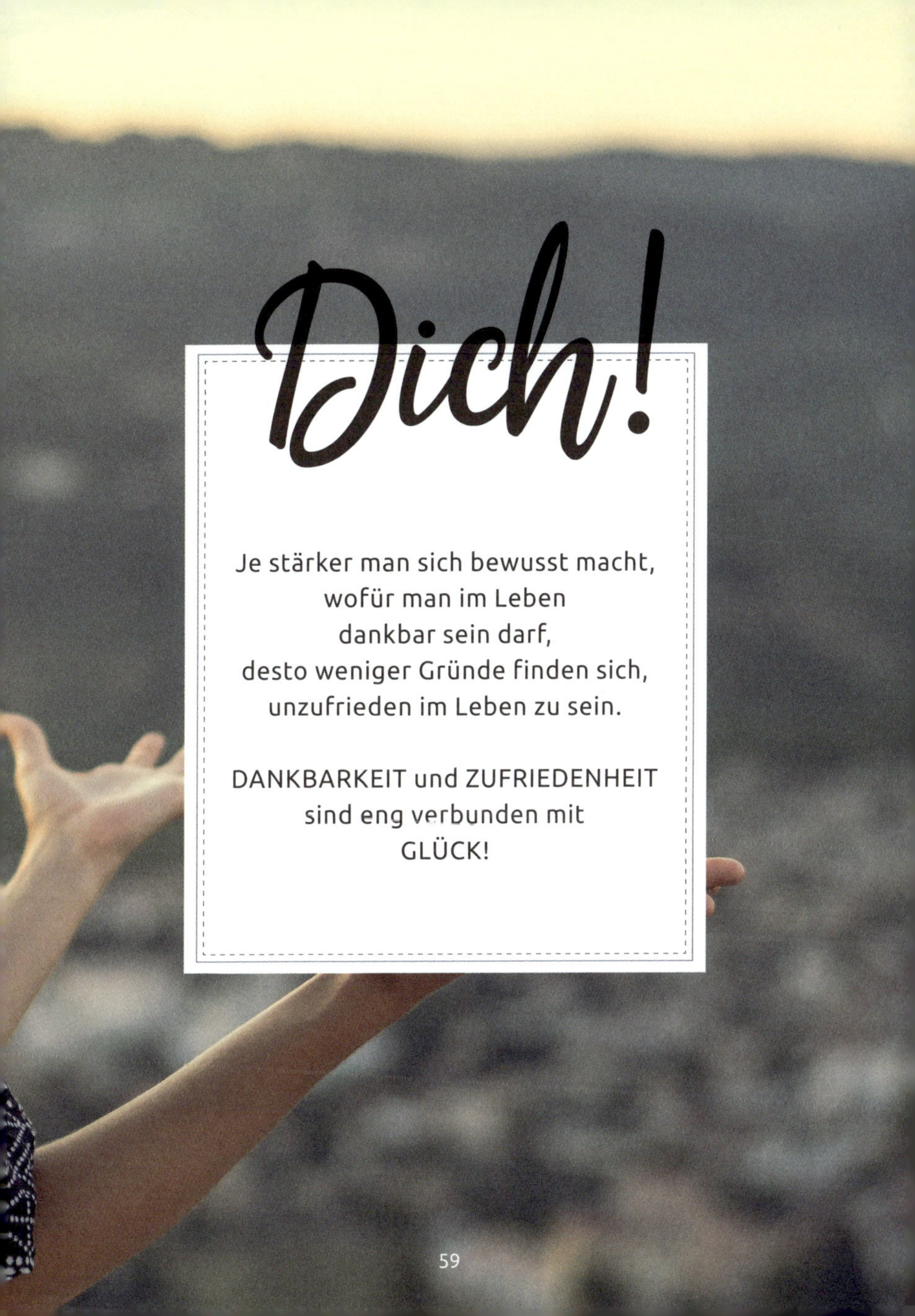

Dich!

Je stärker man sich bewusst macht,
wofür man im Leben
dankbar sein darf,
desto weniger Gründe finden sich,
unzufrieden im Leben zu sein.

DANKBARKEIT und ZUFRIEDENHEIT
sind eng verbunden mit
GLÜCK!

STREBEN NACH PERFEKTION

Jahrelang zog ich durch die Lande, um die perfekte Frau zu finden. Eines Tages stand sie vor mir, mein Herz schlug schneller, und ich wusste sofort, dass diese Frau mich wunschlos glücklich machen würde. Ich sah, dass sie keinen Ring trug, daher war ich überglücklich!

Doch die perfekte Frau verabschiedete sich zu meinem Leidwesen schnell wieder von mir, denn sie war auf der Suche nach dem perfekten Mann.

Das unermüdliche Streben nach Perfektion lässt vergessen, das Leben zu leben.

Perfekt

Du brauchst weder
ein makelloses Gesicht
noch eine gute Figur
oder teure Kleidung,
um perfekt zu sein.

Es ist immer nur dein Herz,
das dich perfekt macht!

Humor

Wer auch im Alter
nie seinen Humor verliert
und immer einen Grund
zum Lachen findet,
der hat die Lebensfreude gepachtet
und bleibt im Herzen
immer jung.

Freude

Wenn du für einen anderen Menschen
einfach nur durch ein Lächeln
den Tag ein wenig schöner machst,
dann erhellt sich auch dein Tag.

DIE SONNE GENIESSEN

Wieder einmal war ich völlig gestresst. In der Firma, für die ich in leitender Position tätig war, wurden etliche Mitarbeiter wegrationalisiert. Zu meinem Leidwesen war auch mein genialer Teamkollege, mit dem ich in den letzten sieben Jahren die beinahe unmöglichsten Projekte erfolgreich durchgeführt hatte, unter denjenigen, die das Unternehmen verlassen mussten. Ich war jung, dynamisch und ehrgeizig – er wiederum verfügte über einen phänomenalen Erfahrungs- und Wissensschatz. In der Unternehmensberatung waren wir als Team daher unschlagbar. Trotzdem wurde ihm gekündigt, und obwohl er eine durchaus ansprechende Ablösesumme erhalten sollte, konnte ich nicht verstehen, dass er das nach so vielen Jahren, ohne Widerstand zu leisten, über sich ergehen ließ. Er meinte nur mit einem Lächeln: „Ach, weißt du mein Freund, das ist doch eine glückliche Fügung, nun kann ich endlich unbeschwert die Sonne genießen, ohne auch nur einen Gedanken an die Arbeit zu haben!"

Mir selbst waren solche Gedanken völlig fremd. Nicht ohne Grund hatte ich schließlich mit gerade erst Mitte 40 so ziemlich alles erreicht, was sich ein Mensch nur erträumen kann. Verheiratet war ich mit einer wundervollen Frau, wir hatten einen prächtigen achtjährigen Sohn und eine bezaubernde Tochter mit sechs Jahren, ein großes, komfortables Haus mit Pool, konnten uns schöne Autos, luxuriöse Urlaube und gutes Essen leisten. Ja, ich war mächtig stolz auf mich. Die Worte meines Vaters hatte ich wirklich verinnerlicht. Sie lauteten: „Von nichts kommt nichts, mein Sohn! Du musst die Zähne zusammenbeißen, solange du jung und durchsetzungsstark bist, dann kannst du im Alter die Sonnenseiten des Lebens genießen!" Auch in dieser Woche hatte ich gearbeitet wie ein Besessener. Ich verließ das Haus gegen sieben Uhr morgens und kam selten vor zehn Uhr am Abend wieder heim, gab in der Arbeit nicht selten länger als 14 Stunden „mein Bestes". Ich war eben der Beste unter meinen Kollegen und bekam daher die lukrativsten, aber auch sehr zeitaufwändige Aufträge zugeschoben. Ja, von nichts kommt halt nichts!

Und dann kam der Tag, den ich nie vergessen werde. Es war an einem Freitagnachmittag. Ich hatte mein Navi auf lautlos gestellt, um meinen vor mir liegenden sehr wichtigen Termin noch einmal gedanklich durchzugehen. Dann bekam ich einen Anruf, dass sich mein Gesprächspartner verspäten würde, und das Treffen wurde um eine Stunde nach hinten verschoben. Obwohl ich den kleinen Ort, durch den ich gerade fuhr, gut kannte, hatte ich, abgelenkt durch das Telefonat, wohl eine Abzweigung übersehen und landete in einer Sackgasse.

Ich wollte gerade wenden und weiterfahren, als mein Blick auf eine junge Frau fiel, die ganz entspannt in einem Schaukelstuhl vor dem Ladeneingang einer kleinen Gärtnerei saß und sich von der Sonne anstrahlen ließ. Wie konnte man nur auf die aberwitzige Idee kommen, in solch einem kleinen Dorf eine Gärtnerei zu betreiben? Das konnte unmöglich ein lukratives Geschäft sein, hierher finden nur wenige Menschen ihren Weg.

Die vielen Blumen vor Augen fiel mir ein, dass ich vor lauter Terminen letzte Woche unseren Hochzeitstag vergessen hatte. Auch heute hatte ich auf die Mailbox-Nachricht meiner Frau, ich solle abends früher heimkommen, da es Wichtiges zu bereden gäbe, nicht reagiert. Vielleicht war es ein Zeichen, dass mein Termin verschoben wurde, ich nun unerwartet eine Stunde Zeit hatte und vor einer Gärtnerei gelandet war?!

Ich überlegte, wann ich meiner Frau das letzte Mal Blumen mitgebracht hatte.

Wann waren wir das letzte Mal ohne Kunden beim Essen, im Theater, im Kino oder in den Bergen gewesen? Ich warf einen Blick auf die Gärtnerin und beschloss, meiner Frau einen schönen Strauß zu schenken. Darüber würde sich wohl auch die Gärtnerin freuen, schließlich käme sie auf diesem Wege wenigstens zu ein bisschen Umsatz.

Ich stieg aus meinem Auto und starrte wie gebannt auf die junge Frau. Nicht, weil sie eine Schönheit gewesen wäre, aber sie hatte eine Ausstrahlung, die jedermann in ihren Bann ziehen musste. Ich war etwas irritiert, denn sie nahm mich gar nicht wahr und blinzelte verzückt in die Sonne.

Auf meine Frage, ob ich einen besonderen Blumenstrauß für meine Frau bei ihr kaufen könne, lächelte sie nur mit einem: „Ja sicher, in einer Viertelstunde beende ich meine Mittagspause, dann bin ich ganz für Sie da. In der Zwischenzeit können Sie sich gerne hier umschauen und in sich hineinfühlen, was zu ihrer Frau passt.“ Ich war kurz davor zu explodieren – konnte es wirklich sein, dass die Frau mich hier 15 Minuten lang warten ließ, während sie schlichtweg NICHTS zu tun hatte? Seltsamerweise hielt ich mich, ganz entgegen meiner sonstigen Art, zurück – irgendetwas an der Gärtnerin hinderte mich daran, ihr meine Meinung lautstark zu geigen. Also sah ich mich notgedrungen um und entdeckte ein Paradies an Blumen. Gewächse, die ich noch nie zuvor gesehen hatte, umgaben mich in einer einzigartigen Blütenpracht. Ich merkte gar nicht, wie die Zeit verging, als die Gärtnerin plötzlich hinter mir stand und fragte, wofür ich die Blumen denn bräuchte und ob ich mir schon welche ausgesucht hätte. Die Frage, für welchen Anlass ich die Blumen brauchen würde, erstaunte mich. Sie erklärte mir, dass jede Blume eine Bedeutung habe: Es gäbe Blumen für die Liebe, für die Trauer, für das Glück, für den Dank, um Anerkennung auszudrücken, für die Freude, und noch für vieles mehr. Der Preis einer Blume sei niemals ausschlaggebend für einen besonderen Strauß, sondern immer nur der Wert, den man der Blüte gibt. Ich zeigte auf verschiedene Blumen, die mich beinahe magisch angezogen hatten. „Wow", meinte die junge Frau mit einem Grinsen, „Sie haben wohl einiges gutzumachen bei Ihrer Frau!"

Diese treffsichere Analyse meiner Situation machte mich sprachlos! Die Gärtnerin band die Blumen zu einem Strauß und erklärte mir nebenbei deren Bedeutung: „Die rote Rose bleibt nach wie vor die Blume der Liebe – die Iris steht für Kreativität, Energie und Entschlossenheit – die Myrte symbolisiert die Schönheit – die Glockenblume Dankbarkeit und Anerkennung – die Lilie steht für Licht, Reinheit und Schönheit – und die Kornblume für Romantik. Dass sie den Rosmarin gewählt haben, zeigt mir, dass Sie Ihrer Frau sehr dankbar sein dürfen. Sehen Sie, so einfach ist das, wenn man die Sprache der Blumen kennt."

Nun war ich wirklich begeistert, ich kann nicht sagen, was mich mehr beeindruckte – die geistreiche Bedeutung der Blüten, oder, dass mir gerade das wundervollste Blumengebinde meines Lebens gereicht wurde.

So beschloss ich, der jungen Frau einen Gefallen zu tun – einen Unternehmensberater, und noch dazu einen in meiner Preisklasse, konnte sie sich mit Sicherheit nicht leisten. So erklärte ich ihr, dass ich ihr zu ihrem Glück verhelfen könne. Ihre ausdrucksstarken Augen blickten mich überrascht an. Ich sah dies als Aufforderung, und schon war ich ganz in meinem Element: „Sie haben nicht nur einen außergewöhnlich grünen Daumen, sondern ein ganz besonderes, einzigartiges Wissen über die Bedeutung der Blumen. Noch dazu zaubern Sie im Handumdrehen ein wahres Meisterwerk. Aber so, wie Sie Ihr Geschäft angehen, werden Sie es nie zu was bringen!"

„Wie meinen Sie das?", fragte sie höflich. Ich erklärte ihr, dass es ein Unding sei, einen Kunden mit Verweis auf die Mittagspause nicht zu bedienen. „Der Kunde ist König, schließlich wollen Sie ja, dass er Ihre Gärtnerei weiterempfiehlt."

Außerdem müsse sie im Ort Schilder aufstellen, damit man sie überhaupt finden könne. „Ich habe vorhin gesehen, dass Sie nicht einmal eine Internetseite haben – weder Facebook noch Instagram." Sie schaute ihn mit großen Augen an und fragte: „Weshalb sollte ich dies benötigen?" „Ganz einfach, wenn keiner weiß, dass es Sie gibt, kann keiner kommen, um bei Ihnen einzukaufen. Sie müssen in erster Linie Ihr USP in den Vordergrund stellen!" Ich erkannte, dass sie nicht verstand, wovon ich sprach, und so erklärte ich: „USP ist so viel wie Ihr Alleinstellungsmerkmal – Ihre Besonderheiten, Einzigartigkeiten …" Sie fragte mich, was sie denn davon hätte. Da kam ich nun richtig in Fahrt und zeigte ihr auf, dass sie dadurch mehr Kunden und vor allem Neukunden und somit letztlich höhere Umsätze und mehr Gewinne generieren könne. Sie müsse nur morgens früher anfangen und abends später aufhören, dann könne sie zusätzlich die unbepflanzten Freiflächen noch mitbearbeiten. Sie könne sich dann Angestellte leisten, sodass sie sich nur noch auf die wesentlichen Belange zu konzentrieren brauche. Dann könnte sie in der Großstadt einen kleinen Laden anmieten und sich einen gehobenen Kundenstamm aufbauen. Mit diesen Einnahmen könnte sie wiederum größere Gewinne erzielen und noch mehr Personal einstellen, noch mehr Gewächshäuser bewirtschaften. „Und was wäre dann?", wurde ich gefragt. Da erklärte ich ihr, dass sie noch mehr Filialen eröffnen könnte. Sie könnte sich Ansehen erwerben und zu erlesenen Veranstaltungen der gehobenen Gesellschaft eingeladen werden, so könnte sie ihr Netzwerk erweitern und immer mehr potentielle Kunden an Land ziehen.

„Ist das alles nicht sehr zeitaufwändig? Und bedeutet das nicht, vor allem im Büro zu sitzen, anstelle direkt mit den Pflanzen zu arbeiten?", fragte sie mich. „Von nichts kommt nichts", gab ich den Spruch meines Vaters weiter, „aber wenn Sie die Zähne zusammenbeißen und das die nächsten 20 Jahre straff durchziehen, dann haben Sie es geschafft!"

Wieder schauten mich zwei Augen fragend an: „Und wie würde das aussehen, wenn ich es, so wie Sie es ausdrückten, geschafft habe?" Ganz einfach, Sie sind dann eine wohlhabende Frau und können tun und lassen, was Sie wollen und jederzeit die Sonne genießen!"

„Wissen Sie mein Herr, die Sonne genieße ich jetzt schon. Aber weil sie es so gut mit mir meinten, verrate ich Ihnen gerne meine Glücksformel: Liebe + Dankbarkeit = Glück.

Bei der Liebe fängt es an. Mich selbst zu lieben, wie ich bin, anderen Menschen Liebe zu schenken und mit Liebe beschenkt zu werden, meine Arbeit, meine Blumen, meinen Schaukelstuhl zu lieben, das macht mich glücklich. Und sollte ich mal unzufrieden sein, dann mache ich mir stets bewusst, wofür ich im Leben dankbar sein darf. Meine Mutter sagte mir immer, dass wahres Glück von innen kommt und dass man die wichtigsten Dinge im Leben mit keinem Geld der Welt kaufen kann!"

Kaum saß ich wieder im Auto, erhielt ich einen Anruf, dass mein Termin nun ganz abgesagt worden war. Ehrlich gesagt war ich darüber heilfroh, denn meine Gedanken spielten verrückt. Die Gärtnerin hatte mit ihren Blumen und vor allem mit ihren Worten in mir etwas ausgelöst, das ich mir selbst kaum erklären, geschweige denn, in Worte fassen konnte. Sehr nachdenklich und sehr langsam fuhr ich nach Hause.

Meine Frau staunte nicht schlecht, als ich pünktlich und mit einem unbeschreiblichen Blumenstrauß in der Tür stand. Ich nahm sie in die Arme und sagte: „Ich liebe dich über alles, mein Liebling", weiter kam ich nicht, da beide Kinder lachend auf mich zuliefen: „Papa, Papa du musst unbedingt mit in den Garten kommen, unser neues Federballnetz ist aufgebaut", und schon wurde mir ein Schläger in die Hand gedrückt.

Am Abend holte ich eine gute Flasche Wein aus dem Keller und redete bis weit über Mitternacht mit meiner Frau. Ich erzählte ihr von dem Erlebnis mit der Gärtnerin. Dass ich mir vorkäme, als habe mir jemand endlich die Augen geöffnet, um zu sehen, wie sehr ich durch das Leben hastete. Ich sprach davon, weniger zu arbeiten, mehr Urlaube machen und endlich mal Zeit mit der Familie zu verbringen! Sie kuschelte sich ganz glücklich und eng an mich, und es folgte ein wundervolles Jahr, in dem ich feststellte, dass man die wichtigsten Sachen im Leben wirklich mit keinem Geld der Welt kaufen kann.

Den nächsten Hochzeitstag habe ich natürlich nicht mehr vergessen. Ich machte mich auf den Weg zu „meiner" Gärtnerin, wie ich sie im Stillen nannte, und ließ mir wieder einen ganz besonderen Strauß zusammenstellen. Wie im Jahr zuvor saß sie wieder glücklich lächelnd in ihrem Schaukelstuhl in der Sonne. Ich bedankte mich bei ihr dafür, dass sie vor einem Jahr der Anstoß gewesen war, mein Leben zu überdenken. Ihre Glücksformel habe ich übernommen. Die hängt nun groß eingerahmt in meinem Büro.

Liebe + Dankbarkeit = Glück

An diesem Abend erzählte mir meine Frau den Grund, weshalb ich an diesem besagten Freitag vor einem Jahr früher heimkommen sollte. Sie hatte mir damals mitteilen wollen, dass sie sich von mir trennen würde, da ich am Leben der Kinder und auch an unserer Beziehung scheinbar kein Interesse mehr und nur noch für die Arbeit gelebt hatte. Allein die Blumen und vor allem unser Gespräch am Abend hätten in ihr die Hoffnung geweckt, dass alles noch einmal besser werden könnte. Es folgten seither viele weitere Hochzeitstage und jedes Jahr besorge ich bei meiner Gärtnerin einen Blumenstrauß für meine Frau. Im Laufe der Jahre habe ich die Sprache der Blumen und die Sprache der Liebe gelernt. Nun sitze ich, so oft es geht, in meinem Schaukelstuhl und genieße die Sonne.

Glücksformel

Wenn LIEBE und DANKBARKEIT
aufeinandertreffen,
dann ist das GLÜCK
nicht mehr weit.

Schlüssel

Geld ist wichtig und wertvoll.
Und dennoch gibt es viel Wertvolles
im Leben, das man mit keinem Geld
der Welt kaufen kann:
Glück, Freundschaft, Partnerschaft,
Gesundheit, Vertrauen, Anerkennung,
Verständnis, Dankbarkeit, Respekt,
Gerechtigkeit, Frieden, Ehrlichkeit
und die Liebe!

zum Glück

Die Dankbarkeit
ist eine Liebeserklärung
an das Leben und
der Schlüssel
zum Glücklichsein.

Werte

Menschen,
die nach ihren Werten leben,
werden oft als
wertvolle Menschen
wahrgenommen.

leben

Das Paradies
findest du eher
in einer kleinen
heimeligen Hütte,
als in einem
großen kalten Palast.

ZEIT ALS GESCHENK

Klaus durfte von seinen Eltern wohlbehütet aufwachsen. Seit er denken konnte, war sein größtes Vorbild sein Papa. Der Vater verbrachte sehr viel Zeit mit seinem Sohn, nahm ihn mit zum Angeln, in die Berge, zum Minigolf. Er lehrte ihn, wie man einen Fahrradschlauch flickt und fand immer genügend Zeit, um mit seinem Sohn zu spielen. Oft durfte er auch seine Freunde zu Ausflügen mitnehmen und Klaus war mächtig stolz auf seinen Papa, um den er oft beneidet wurde.

Kurzum: Klaus verbrachte eine rundherum glückliche Kindheit.

Die Familie hatte ein Häuschen in einem angesehenen Stadtteil, und in der Nachbarschaft wohnten viele seiner Freunde. Als Klaus jedoch in das richtige Alter kam, um Mädchen auszuführen, wurde ihm erstmalig bewusst, wie bescheiden das eigene Heim im Gegensatz zu den Häusern seiner Freunde war. Auch das Auto seines Vaters konnte sich mit den Limousinen der Nachbarn nicht messen. Je länger er darüber nachdachte, desto mehr wurde ihm klar, dass sein Vater wohl beruflich total versagt haben musste!

Immer seltener brachte er Freunde mit nach Hause, und immer peinlicher wurde ihm sein eigener Vater. Von da an setzte sich Klaus zum Ziel, ein erfolgreicher Geschäftsmann zu werden.

Er bestand sein Abitur mit Auszeichnung und begann sein Studium im Ausland, um die Distanz zu vergrößern.

Nach dem erwartbar erfolgreichen Studium kletterte Klaus die Karriereleiter steil nach oben. Für seine Eltern nahm er sich keine Zeit mehr.

Kurze Zeit später wurde Klaus ein lukrativer Geschäftsführerposten angeboten. Das war die Chance seines Lebens, und dennoch ging er mit einem flauen Gefühl zu dem Vorstellungsgespräch. Ausgerechnet in dieser Firma hatte sein Vater bis zu seiner Rente als kleiner Abteilungsleiter gearbeitet, und dessen mangelnder Ehrgeiz würde nun wohl ein schlechtes Licht auf ihn, den Sohn, werfen!

Der Personalchef empfing ihn erfreut und sagte, dass nun wohl der Sohn das nachholen müsse, was der Vater die ganzen Jahre über verweigert habe. Klaus entschuldigte sich, er verstehe nicht, was der Personalchef meine. Daraufhin bekam er eine Lobrede über die große Verantwortung, das Pflichtbewusstsein und die Menschlichkeit seines Vaters zu hören. Er erfuhr nun, dass diesem kurz nach seiner Geburt genau diese Geschäftsführerstelle, um die Klaus sich nun bewarb, angeboten worden war, Klaus' Vater jedoch hatte sie damals dankend abgelehnt. Er habe gemeint, dass er einen prächtigen Sohn geschenkt bekommen habe und dass er so viel Zeit wie möglich mit ihm verbringen wolle. Diese wertvolle Zeit, so hatte es Klaus' Papa damals erklärt, könne man mit keinem Geld der Welt wieder nachholen.

Der Personalchef fuhr fort: Sie sehen, dank Ihres Vaters haben Sie den besten Empfehlungsbrief, den man sich nur wünschen kann!"

Manchmal braucht es seine Zeit, bis man erkennt, dass die einfachen Dinge des Lebens die wahrhaft Großen sind.

Starke

Das Leben hält unglaublich viele
Glücksmomente für uns bereit.
Wir brauchen nur unsere Augen
zu öffnen, um zu sehen,
wir brauchen nur unsere Ohren
zu öffnen, um zu hören,
wir brauchen nur unser Herz
zu öffnen, um zu fühlen.
Wenn wir das tun, dann brauchen wir
uns nicht zu wundern,
wenn aus den kleinen Glücksmomenten
das große Glück entsteht.

Momente

Es ist keine Schwäche,
wenn man fällt,
es ist Stärke,
wenn man immer wieder aufsteht.
Es ist keine Schwäche,
wenn man Fehler macht,
es ist Stärke,
wenn man daraus Erkenntnisse zieht.
Es ist keine Schwäche,
wenn man verletzt wird,
es ist Stärke,
wenn man verzeihen kann.
Es ist keine Schwäche,
Gefühle zu zeigen,
es ist Stärke, die Liebe zu leben.

LASS ES ZU ...
... SEI MUTIG

Anders zu sein als die anderen

Bewunderung aufrichtig zu zeigen

Chancen zu ergreifen

Dankbarkeit zum Ausdruck zu bringen

Einfach authentisch zu sein

Frieden in die Welt zu bringen

Gefühle zu zeigen und zuzulassen

Harmonie zu verbreiten

Immer ein Lächeln zu verschenken

Jederzeit zu deinem Wort zu stehen

Körper, Geist & Seele in Einklang zu bringen

Liebe zuzulassen und Liebe zu geben

Menschen näher kennenzulernen

Nähe zuzulassen und zu zeigen

Offen zu sein für Neues

Prioritäten zu setzen

Qualität statt Quantität zu wählen

Romantisch zu sein

Selbst zu wissen, was richtig ist

Träume zu verwirklichen

Urteilsfrei zu sein und zu handeln

Verantwortung zu übernehmen

Wahrheitsliebend & diplomatisch zu sein

Yes I can - zu sagen

Zuversichtlich zu sein

Mut

Endlich habe ich gelernt,
mich selbst zu lieben, so wie ich bin.
Erst habe ich erkannt,
wie viel ich schon ertragen habe.
Dann habe ich gesehen,
was ich bereits alles geschafft habe.
Nun weiß ich,
dass ich noch zu viel Größerem
fähig bin und
dass das Glück mir zusteht!

Dankbar

Die beste Medizin gegen
die Unzufriedenheit
ist die Dankbarkeit.
Es lassen sich immer Gründe finden,
um dankbar zu sein.
Dankbare Menschen ziehen oft
vieles im Leben an,
wofür sie wiederum dankbar
sein dürfen.
Die Dankbarkeit ist ein Schlüssel
zum Glück.

sein!

Leb dein Leben so,
dass es sich in deinem Inneren
gut anfühlt,
und nicht eines, das für andere
im Außen gut aussieht.

LEHRSTUNDE IN DER ZIRKUSMANEGE

Nie im Leben werde ich den Tag vergessen, als ich mit meinem Vater das erste Mal eine Zirkusvorstellung besuchen durfte. Ein Zauberkünstler faszinierte die Zuschauer mit seinen Tricks und zog auch mich in seinen Bann. Dann zeigte er eine leere Kiste, ließ eine Frau einsteigen, schloss den Deckel und durchbohrte die Kiste mit zahlreichen Schwertern. Nach einem Tusch der Zirkuskapelle, stieg die Frau vollkommen unversehrt wieder aus ihrem engen Gefängnis.

Die Zuschauermenge war zutiefst beeindruckt und spendete tosenden Applaus. Ich weiß nicht, welcher Teufel mich zwölfjährigen Jungen damals geritten hat, aber ich sprang auf und rief: „Ich möchte in diese Kiste steigen und beweisen, dass dies gar keine echten Schwerter sind!"

Da ließ mich der Zauberer zu ihm in die Manege kommen. Er reichte mir sein Schwert und bat mich, einen vor mir liegenden Kürbis zu spalten. Als ich die Frucht mit Leichtigkeit zerteilte, ging ein Raunen durch die Menge, und mir wurde ganz flau im Magen! Ich traute mich nun nicht mehr etwas zu sagen, geschweige denn, in die Kiste zu klettern. Beschämt blickte ich zu Boden, aber ich hatte meine Lektion verstanden.

Manchmal muss man auf seinem Lebensweg Hürden überwinden und Steine aus dem Weg räumen. Alles jedoch, was man aus eigener Kraft geschafft hat, prägt einen positiv und stärkt das Selbstvertrauen.

Vertrauen

Wer auf der Siegerseite
stehen möchte,
darf die Angst vor dem Versagen
nie größer sein lassen,
als das Vertrauen
in die eigenen
Fähigkeiten und Stärken.

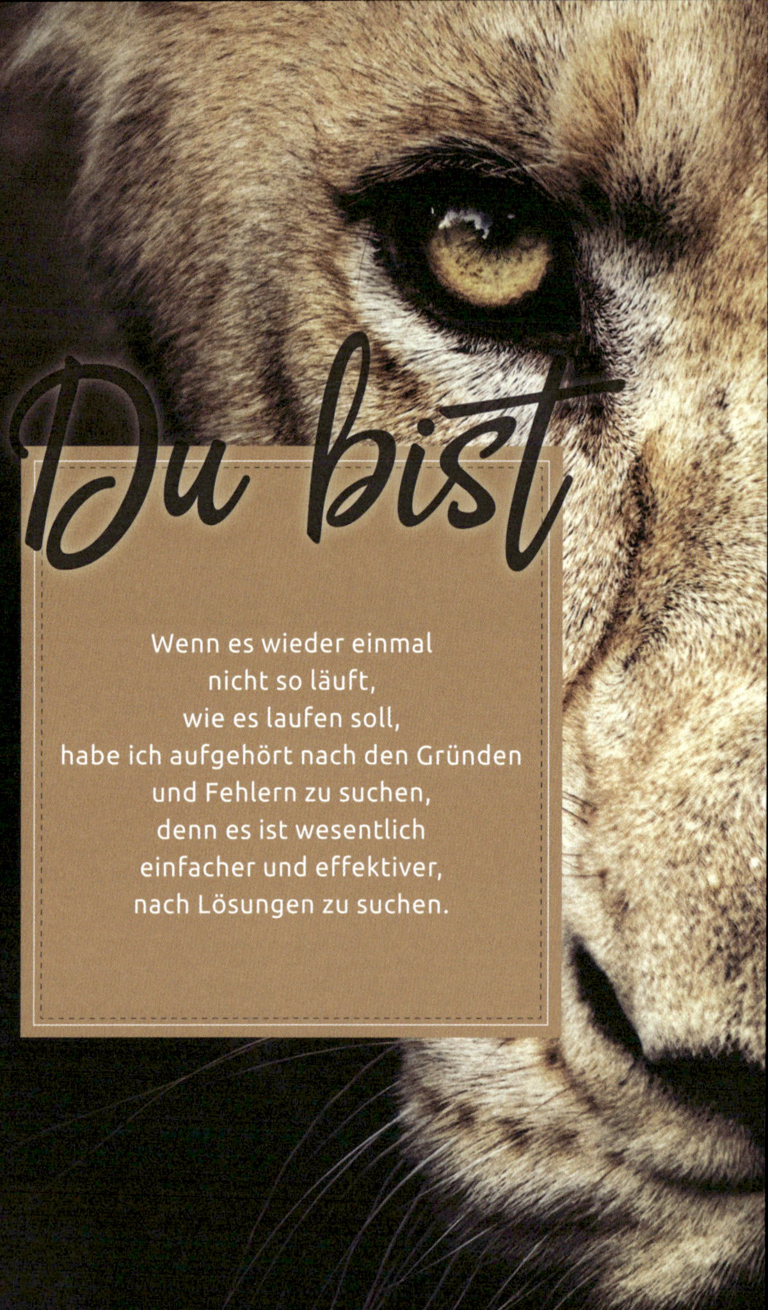

Du bist

Wenn es wieder einmal
nicht so läuft,
wie es laufen soll,
habe ich aufgehört nach den Gründen
und Fehlern zu suchen,
denn es ist wesentlich
einfacher und effektiver,
nach Lösungen zu suchen.

stark!

Es gibt Menschen,
die erwarten,
dass ihre Chancen
in der Zukunft liegen.
Es gibt Menschen, die erkennen,
dass man Chancen
nur in der Gegenwart
ergreifen kann.

DER DIEB - DER VERMEINTLICHE DIEB

Ein Mann hatte seine Geldbörse verloren und lief suchend am Strand umher. So hatte er sich den Start in seinen lang ersehnten Urlaub wirklich nicht vorgestellt. Von weitem beobachtete er einen Jungen, der sich rasch bückte, etwas aufhob, das Gefundene blitzschnell in einem Beutel verschwinden ließ und zügig weiterging.

Der Mann war sich sicher, dass der Kerl eben seinen Geldbeutel eingesteckt hatte. Er lief ihm nach und stellte ihn zur Rede. Der Junge schüttelte verständnislos den Kopf, griff in seine Tasche und zeigte eine spitze Glasscherbe, die er aufgesammelt hatte, damit sich niemand daran verletzen konnte. Der Mann zeigte sich beschämt und entschuldigte sich bei dem Jungen.

Kurze Zeit später rief dieser nach dem Mann und winkte ihn zu sich. Er zeigte auf eine im Sand liegende Geldbörse. Der Mann blickte erleichtert auf sein Eigentum. Er gab dem Jungen einen angemessenen Finderlohn und sich selbst das Versprechen, in Zukunft nicht immer gleich das Schlechteste von den Menschen zu vermuten.

Obwohl wir Vorurteile verurteilen, sind wir doch oftmals voreingenommen.

Verlust

Es gibt Menschen,
die können trotz:
Ehrlichkeit, Gerechtigkeit,
Hilfsbereitschaft,
Vertrauenswürdigkeit, Herzlichkeit,
Wertschätzung und Zuverlässigkeit
… vieles verlieren.
Aber egal was kommt:
Sie verlieren niemals ihr Gesicht!

Wünsche

Gib niemals zu schnell auf,
wenn Hindernisse im Weg stehen,
denn manchmal bist du deinem Ziel
schon näher, als du denkst.

Ziele

Auch wenn manche Wünsche
nicht in Erfüllung gehen,
sollte man dankbar sein für all das,
was man hat.
Dankbare Menschen ziehen
im Leben viel Gutes an,
wofür sie dankbar sein dürfen.
Dankbarkeit ist eng verbunden
mit Glück.

DER HELD DES TAGES

Meine kleine Tochter liebt es, mit dem Zug zu fahren. An einem schönen Tag in den Ferien war sie ganz aufgeregt, weil sie zum ersten Mal mit mir bis nach München fahren durfte. Doch unsere gute Stimmung änderte sich, als der Schaffner unser Abteil betrat. Ich reichte ihm unser Ticket, das er lächelnd abstempelte, dann wandte er sich der freundlichen älteren Frau zu, die uns gegenübersaß.

Als sie keine Reaktion zeigte, sagte der Schaffner fordernd: „Ihre Fahrkarte bitte." Sie schaute zu ihm auf und sagte beschämt: „Es tut mir leid, aber ich habe keine Fahrkarte. Es ist Monatsende, und mein Geld hat für ein Ticket nicht ausgereicht. Die Wahrheit ist, dass meine beiden in München lebenden Enkelkinder krank sind. Ich wollte sie so gerne besuchen und mich ein wenig um sie kümmern. Daher habe ich das Risiko auf mich genommen, ertappt zu werden." Wortlos reichte sie dem Mann ihren Ausweis. Spontan stand ich auf und nahm den Schaffner auf ein Gespräch zur Seite.

Ich schlug ihm vor, die Fahrtkosten für die Frau zu übernehmen. Der Schaffner erklärte der Großmutter, dass er ein Auge zudrücken und von einer Anzeige absehen werde. Ich schenkte der Frau eine frisch gelöste Wochenkarte, damit sie ihre Enkel noch öfter besuchen konnte. Die Frau drückte dankbar unsere Hände. Für meine Tochter war der Tag gerettet, und ich war der große Held des Tages.

schenken

Das Wunderbare am Schenken ist, dass ich keinem Menschen eine Freude bereiten kann, ohne mich selbst dabei zu beschenken.

Weg

Den Wegweiser zu einem glücklichen,
erfüllten Leben
erkennt man oft erst
mit geschlossenen Augen.

Weiser

Wie oft im Leben
wünscht man sich Veränderungen
und lässt sich doch von Ängsten
und Unsicherheiten entmutigen.
Erst, wenn der Wunsch nach
einer Veränderung größer wird
als die Angst,
kann man bewusst die eigenen
Ziele verfolgen und auch erreichen.

Grosses

Ist es nicht so,
dass das große Glück aus vielen
kleinen Glücksmomenten besteht?
Vielleicht sollten wir zu Sammlern
dieser kleinen
Glücksmomente werden.

Glück

Ich wünsche dir viele Kleinigkeiten
in deinem Leben,
die dich glücklich machen.
Wer das Glück im Kleinen findet,
der kann auch das
große Glück finden.

DIE WELT BESSER MACHEN

Es ist gar nicht so schwer, die Welt ein wenig besser zu machen: Dazu zehn einfache Möglichkeiten, die nichts kosten und die dennoch so wertvoll sind!

- den Menschen mit einem Lächeln begegnen
- ein ehrliches Lob oder Kompliment aussprechen
- ein wenig mehr Rücksicht nehmen
- den Mutlosen ein wenig Hoffnung geben
- Menschen eine Tür aufhalten
- einsamen Menschen ein wenig Zeit schenken
- Bedürftigen Hilfestellung anbieten
- manchmal einfach nur ein offenes Ohr haben
- entfernte Freunde oder Verwandte anrufen oder einen Brief schreiben
- lieben Menschen sagen: „Schön, dass es dich gibt!"

Frieden

Ich glaube, wenn sich die Menschheit einen großen Vorrat an Liebe, Respekt, Toleranz, Verständnis, Wertschätzung, Hilfsbereitschaft, Herzlichkeit, Gerechtigkeit und Dankbarkeit zulegen würden, dann wäre der Frieden nicht mehr weit.

Träume

Wer seine Träume
verwirklichen möchte,
sollte der Vernunft öfter
eine Sendepause geben,
und in dieser Zeit auf sein
Herz umschalten.

Fantasie

Wer nicht anfängt zu träumen,
der kann auch niemals
einen Traum leben.
Jedes große Feuer entsteht
durch einen kleinen Funken,
jeder große Traum entsteht
durch kleine Fantasien.
Die Fantasie macht das Leben
bunt wie eine Blumenwiese,
und wer sich von seinen Träumen
leiten lässt,
den bereichert ein
„traumhaftes Leben“.

DER SORGENBAUM

Einst stand auf einem Dorfplatz ein mächtiger Lindenbaum, unter dem sich die Dorfgemeinde gerne versammelte.

Eines Tages wurden die Dorfbewohner vom ältesten und weisesten Mann des Ortes dazu eingeladen, all ihre Ängste, Sorgen und Beschwerden in einen Sack zu packen und diesen unter den Baum zu legen. Um sich seines Sackes allerdings endgültig zu entledigen, galt als Voraussetzung, dass jeder ein anderes Säckchen mit nach Hause tragen musste. Junge und Alte, Gesunde und Kranke, Arme und Reiche, ein jeder machte sich auf den Weg, um all seine Sorgen und Nöte bei dem Baum abzuladen.

Voller Erwartung wurden daheim die fremden Säckchen entleert. Doch nun machte sich große Bestürzung breit! Die Lasten der anderen schienen ja noch schwerer zu wiegen als die eigenen.

So schnell ein jeder nur konnte, lief er mit dem fremden Säckchen zur Linde zurück, um dann dankbar und zufrieden mit den eigenen Sorgen nach Hause zurückzukehren.

Neufassung einer alten Überlieferung

Wenn du deinen Sorgen weniger Macht gibst, und diese der Zuversicht schenkst, werden die Sorgen kleiner und das Vertrauen größer.

Blickwinkel

Es wird vermutlich immer
Menschen geben,
die uns Sorgen bereiten,
und es wird vermutlich auch immer
Menschen geben,
die uns Sorgen nehmen.
Und es liegt vermutlich nur an uns selbst,
welchen Blickwinkel wir wählen.
Wir können uns entweder der
Sorge hingeben
oder aber im Vertrauen und in der
Zuversicht leben.

Selbst

Ein Vogel vertraut immer
seinen Flügeln und nicht auf den Ast,
auf dem er sitzt,
denn das Gehölz könnte brechen.
Sei du auch wie ein Vogel
und vertraue auf dich,
denn vieles, auf das du gebaut hast,
könnte eines Tages wegbrechen.

Vertrauen

Wer Selbstvertrauen
und Selbstliebe
in sich trägt,
der trägt auch
Zufriedenheit und Glück
in sich.

DEM GEFÜHL VERTRAUEN

Dem Gefühl vertrauen? Das kam für mich nicht in Frage, ich war ein echter „Kopfmensch“, wie der Volksmund so schön sagt.

Aber dann kam der Tag, an dem sich eine alte Frau zu mir an den Tisch setzte. Ich nahm sie zuerst gar nicht wahr, denn mein Kopf war mal wieder voll von Sorgen, Problemen und Ängsten.

Auf einmal riss mich die Stimme meines Gegenübers aus meinen Gedanken. „Junger Mann“, sagte die Frau, „haben Sie Vertrauen zu sich selbst und hören Sie auf Ihr Herz!“ Fragend schaute ich auf, während sie weitersprach: „Sie sind ein ganz besonderer und wunderbarer Mensch. Es hindert Sie nur Ihr Kopf am Glücklichsein, daher hören Sie mehr auf Ihr Herz!“

Ich war sichtlich irritiert und fragte: „Woher wollen Sie das wissen? Sie kennen mich doch überhaupt nicht.“ Die alte Frau meinte schlicht: „Ich kann es fühlen.“

„Fühlen heißt nicht wissen!“, hielt ich dagegen. Daraufhin forderte sie mich auf, ihr meine Hand zu reichen und meine Augen zu schließen. Ich spürte, wie sie mit ihrem Finger etwas auf meinen Handrücken zeichnete. Sie fragte mich, was sie wohl eben gemacht habe. Selbstsicher erklärte ich, dass sie ein Herz auf meine Hand gezeichnet habe. Da fragte sie erstaunt, woher ich das wissen wolle, ich hätte es ja nicht gesehen.

Da hatte ich verstanden.

einzigartig

Ich würde dir so gerne
die Fähigkeit schenken,
dich selbst so wahrzunehmen,
wie andere dich sehen.
Dann würdest du erkennen,
welch besonderer und
einzigartiger Mensch du bist.

Positive

Ich glaube,
dass Menschen mit einer
positiven Lebenseinstellung
wesentlich glücklicher, gesünder,
dankbarer, freundlicher und
zufriedener sind.

Gedanken

Wer positive Gedanken
im Herzen trägt,
bereichert sich selbst.
Wer positive Gedanken weitergibt,
ist eine Bereicherung für andere.

VIELE MENSCHEN

Viele Menschen schauen dich an,
doch sie wissen nicht, wer du wirklich bist.

Viele Menschen kennen dein Lächeln,
doch sie wissen nicht, was sich dahinter verbirgt.

Viele Menschen hören, was du sprichst,
doch sie wissen nicht, was du sagen möchtest.

Viele Menschen lesen, was du schreibst,
doch sie wissen nicht, was sich zwischen den Zeilen verbirgt.

Viele Menschen meinen, sie kennen dich,
doch sie wissen nicht um dein Innerstes.

Viele Menschen lernt man im Laufe eines Lebens kennen, doch nicht alle
wissen, dass die wirklichen Begegnungen im Herzen geschehen.

Daher sei dankbar für alle die Menschen,
die dir wirklich begegnet sind und die dein Herz berührt haben.

Ich glaube, in seinem tiefsten Inneren möchte jeder Mensch lieben und geliebt werden, verstehen können und verstanden werden.

Anerkennung

Wenn dir an einem Menschen
etwas gefällt
oder du etwas an ihm bewunderst,
dann sprich es einfach aus!
Dich kostet dies nur wenige Sekunden,
deinem Gegenüber
aber bereichert es den Tag.

Lobende Worte motivieren
und beflügeln und sind daher
wie Balsam für die Seele.

Gute

Menschen,
die aus vollen Herzen
lachen können,
sind wie
Gute-Laune-Magneten.

Laune

Wenn du traurigen Menschen
ein herzliches Lächeln schenkst,
ist das wie ein Sonnenstrahl,
der durch den
dichten Nebel dringt.

ETWAS ZUM SCHMUNZELN

Eine Frau aus München rief ihre erwachsene Tochter in Hamburg an: „Es tut mir wirklich leid mein Liebling, dir den Tag zu verderben", eröffnete sie das Telefonat, „aber ich muss dir mitteilen, dass dein Vater und ich gerade dabei sind, uns scheiden zu lassen. Vierzig Jahre Elend sind einfach genug!" „Mama, was redest du denn da? Das geht doch nicht! Nach so vielen Jahren!", rief die Tochter entsetzt in den Hörer. „Doch, wir ertragen uns gegenseitig einfach nicht mehr! Ich mag gar nicht mehr über dieses leidige Thema sprechen. Also rufe bitte du deinen Bruder an und erkläre ihm die Situation", sprach die Mutter und beendete das Gespräch. Voller Bestürzung teilte die Tochter umgehend ihrem Bruder, der in London lebte, das Unfassbare mit. Dieser explodierte beinahe, als er die Nachricht erhielt: „Sie wollen sich scheiden lassen? Was, um Himmels Willen, fällt denen ein? Die beiden waren doch für jedermann immerzu ein Vorzeigepaar! Warte ab, ich werde das umgehend regeln!"

Augenblicklich wählte der Sohn die Nummer seines Vaters und schrie ins Telefon: „Ihr werdet euch nicht scheiden lassen, hörst du? Ihr unternehmt vorerst gar nichts! Ich rufe gleich meine Schwester zurück und wir werden morgen beide im Laufe des Tages bei euch eintreffen!" Der Vater legte zufrieden den Hörer auf, nahm lächelnd seine Frau in den Arm und sagte: „Liebling, beide Kinder besuchen uns zu Weihnachten! Und stell dir vor, dieses Mal zahlen sie sogar ihren Flug selber!"

Nach einer Erzählung

Freude

Lebensfreude bedeutet:
Ein Lächeln im Gesicht zu haben,
den Schalk im Nacken
und die Sonne im Herzen.

Glücks

Lebensfreude ist ein wundervolles
Glückselixier.
Je mehr Lebensfreude wir verspüren
und versprühen,
desto mehr Glücksmomente
ziehen wir im Leben an.

Elixier

Selbst eine kleine
Prise Glück
gibt dem Leben schon
einen ganz anderen Geschmack.

SIEBEN GLÜCKSBOTSCHAFTEN

- Zu einem Glücksrezept mit positiven Nebenwirkungen gehören: Leichtigkeit, Zufriedenheit, Humor und Lebensfreude.
- Die vielen kleinen Glücksmomente sind das Fundament für das große Glück.
- Nicht unsere Lebenssituationen sind maßgebend dafür, ob wir uns glücklich fühlen oder nicht, sondern unsere Einstellung zum Leben.
- Hast du schon herausgefunden, was dich glücklich macht? Dann wiederhole es, so oft es geht, denn du hast es verdient glücklich zu sein.
- Glücksmomente sind zwar nur kurze Momentaufnahmen im Leben, aber sie bleiben trotzdem unvergesslich. Und die vielen kleinen Glücksmomente tragen bei zum großen Glück.
- Wer im Alter glücklich sein möchte, sollte früh beginnen, schöne Erinnerungen zu sammeln.
- Das große Lebensglück besteht meist aus vielen kleinen Freuden und Glücksmomenten.

Lebensfreude

Ganz egal, welche Schicksalsschläge
sie auch einstecken mussten,
im Alter sind die GLÜCKLICHSTEN
Menschen all jene,
die ihre LEBENSFREUDE
nie verloren haben.

DIE AUTORIN GISELA RIEGER

Die Leidenschaft fürs Erzählen, für Geschichten und Anekdoten wurde Gisela Rieger sprichwörtlich in die Wiege gelegt: Schon als sie noch ein kleines Mädchen war, lauschte sie verträumt den Märchen und Sagen, die ihre Mutter ihr erzählte. Dieses Talent, das Gisela offensichtlich geerbt hat, hat auch Giselas Töchtern später so manche Autofahrt verkürzt – gerne nämlich haben sie wiederum den von ihrer Mutter zu allen möglichen Themen und Bereichen erfundenen Erzählungen zugehört und dabei die Zeit und die Langeweile vergessen. Gisela Rieger begeistert mit ihren Worten inzwischen aber längst nicht mehr nur ihre Töchter. In ihren Büchern weiß die Autorin ihre eigenen Erfahrungen und Gedanken geschickt mit wertvollen Botschaften zu verknüpfen. Für ihre kurzen Episoden und Anekdoten greift sie aber auch auf überlieferte Erzählungen und Weisheiten zurück, die schon vielen Generationen vor uns das Herz geöffnet und die Richtung gewiesen haben. Das Ergebnis sind wunderbar zu lesende berührende und inspirierende Geschichten, die ihr im Laufe der Jahre eine treue Leserschaft beschert haben. Ihre Geschichten-Abende erfreuen sich großer Beliebtheit. Die stets zahlreichen Zuhörer schätzen ganz besonders, dass die Autorin die meisten Geschichten frei und humorvoll erzählt. Moderation und Motivation sind die Stärken Gisela Riegers bei ihren zahlreichen Workshops und Gruppentrainings. Erlebnisorientiert gestaltet die Autorin ihre individuell ausgearbeiteten Trainings und sorgt für ein erfolgreiches und harmonisches Miteinander im Team. Gerade bei diesen Veranstaltungen erweist sich ihr großer Erfahrungsschatz als sehr wertvoll und hilfreich. Besonders gerne gebucht werden ihre Sozialkompetenztrainings in Schulen und in Unternehmen.

Uwe Schäfer

Dipl. Erlebnisorientierte Teamtrainerin (CP)

BG RCI-Trainerin (Berufsgenossenschaft)

Zertifizierte Systemische Beraterin (Univ.)

Persönlichkeitstrainerin

Coach für Persönlichkeits- und Teamentwicklung

Autorin

EIN HERZLICHES DANKESCHÖN

an meine kreative Grafikdesignerin Daniela Höfler, die mit ihrem Gespür für Gestaltung und Bilderauswahl diesem Buch sein Aussehen, verliehen hat. www.applevillage.de

an meine Lektorin Ursula Ammersbach.

an meine Fotografin und wertvolle Freundin Christina Maria Sellner

an Burkhard Heidenberger für das Vorwort www.zeitblueten.com

an meine Testleser:

Christa Hanke, Erzieherin; Brigitte Staudt, Lehrerin; Gitta Beckers, Erzieherin; Felix Wollmann, Key-Account-Manager; Hubert Hausjell, Geschäftsführer Fa. GHV; Irina Rauthmann, Lyrikerin; Klaus Hanke, Bankkaufmann; Katharina Wollmann, HR-Management ; Lydia Winner, vielseitig interessierte Rentnerin; Martina Bergbauer, Heilpraktikerin für Psychotherapie; Monika Rieger, Krankenschwester; Petra Hierl, Lehrerin; Petra Laufenböck, Verwaltungsangestellte; Renate Lämmlein

an den ZIEL-Verlag Augsburg, für die 3 Geschichten aus den Sinn-vollen Geschichten je aus Band 1, 2 und 3 von Gisela Rieger. Abgedruckt auf Seite 44, 102 und 114. Der ZIEL-Verlag hat meine ersten 3 Bücher veröffentlicht, die es auch im 3-er Set erhältlich sind. www.ziel-verlag.de

Ich habe äußerst gewissenhaft recherchiert, um alle Quellen meiner verwendeten Texte zu vermerken. Weiterhin habe ich meine frei verfassten Zitate überprüft, ob nicht bereits ein anderer Autor, vor mir die selben Gedanken zu Papier gebracht hat. Sollte mir dennoch ein Fehler unterlaufen sein, bitte ich, mir dies mitzuteilen.

Dank

Dankbarkeit ist
der goldene Schlüssel
für Zufriedenheit und Glück.

GESCHICHTEN FÜRS HERZ

Sie entdecken in diesen Büchern eine erlesene Vielzahl an berührenden, inspirierenden, motivierenden... Geschichten und Zitaten. Manche davon sind direkt aus dem Leben gegriffen, und andere enthalten alte überlieferte Weisheiten. In den Erzählungen finden sich verborgene Botschaften, die zum Nachdenken oder zum Schmunzeln anregen und das Herz erfreuen. Die Bücher sind in meinem Shop auf www.gisela-rieger.de (portofreier Versand innerhalb Deutschlands) erhältlich, ebenso in jeder Buchhandlung oder über Internetportale.

Inspirationen fürs Herz

120 Seiten,
durchgängig farbig,
mit Lesebändchen

ISBN 978300050869 1

14,90 € (DE)

Geschichten, die dein Herz berühren

120 Seiten,
durchgängig farbig,
mit Lesebändchen

ISBN 9783000537882

14,90 € (DE)

111 Herzensweisheiten

120 Seiten,
durchgängig farbig,
mit Lesebändchen

ISBN 9783981988109

14,90 € (DE)

Inspirierende Geschichten für's Herz:

3 Bände voller Erzählungen, Weisheiten und Zitate

ISBN 978 3 9819881 1 6

39,90 € (DE)

SONNENSEITEN & GLÜCKSMOMENTE

Lassen Sie sich auf »die Sonnenseite des Lebens« entführen und tauchen Sie ein in die Welt der Geschichten. Dieses kurzweilige Lesevergnügen birgt eine vielfältige Auswahl an berührenden sowie inspirierenden Geschichten und Zitaten. In den zu Herzen gehenden Erzählungen finden sich anregende und wertvolle Lebensweisheiten.

Als kleine Aufmerksamkeit zum Verschenken eignen sich besonders die Mini-Geschenkbüchlein. Anstelle einer Gruß- oder Glückwunschkarte kann man darin eine persönliche Widmung hinterlassen – für jetzt und für später zur Erinnerung!

Die Sonnenseiten des Lebens

128 Seiten,
durchgängig farbig,
Taschenbuch,
14,8 x 21 cm

ISBN 9783981988123

12,90 € (DE)

Geschenk-Büchlein Sonnenseiten

40 Seiten,
Mini-Geschenkbüchlein
statt Grußkarte
10,5 x 14,8 cm

ISBN 9783981988178

3,95 € (DE)

Geschenk-Büchlein Glücksmomente

40 Seiten,
Mini-Geschenkbüchlein
statt Grußkarte
10,5 x 14,8 cm

ISBN 9783981988130

3,95 € (DE)

Neu!

Diese Buch ist eine wundervolle Geschenkidee von Herz zu Herz:

Die Sonnenseiten des Lebens (Taschenbuch)

12,90 € (DE)

Blick ins Buch